BEI GRIN MACHT ~~SICH IHR~~ WISSEN BEZAHLT

- Wir veröffentlichen Ihre Hausarbeit, Bachelor- und Masterarbeit

- Ihr eigenes eBook und Buch - weltweit in allen wichtigen Shops

- Verdienen Sie an jedem Verkauf

Jetzt bei www.GRIN.com hochladen und kostenlos publizieren

Institution de microfinance et productivité agricole. L'example du nord Bénin

Jean-Marie Awo

Bibliografische Information der Deutschen Nationalbibliothek:

Die Deutsche Nationalbibliothek verzeichnet diese Publikation in der Deutschen Nationalbibliografie; detaillierte bibliografische Daten sind im Internet über http://dnb.d-nb.de abrufbar.

ISBN: 9783346377784
Dieses Buch ist auch als E-Book erhältlich.

© GRIN Publishing GmbH
Nymphenburger Straße 86
80636 München

Druck und Bindung: Books on Demand GmbH, Norderstedt Germany
Gedruckt auf säurefreiem Papier aus verantwortungsvollen Quellen

Das Buch bei GRIN: https://www.grin.com/document/995817

REPUBLIQUE DU BENIN

MINISTERE DE L'ENSEIGNEMENT
SUPERIEUR ET DE LA RECHERCHE
SCIENTIQUE

UNIVERSITE DE PARAKOU

******

ECOLE DOCTORALE DES SCIENCES AGRONOMIQUES ET DE
L'EAU

******

ECONOMIE DES RESSOURCES NATURELLES

******

THESE DE DOCTORAT

******

Protocole de recherche

Thème : INSTITUTION DE MICROFINANCE ET PRODUCTIVITE
AGRICOLE AU NORD BENIN

Réalisé par :

AWO Samon Jean-Marie

Année académique 2018-2019

Table des matières

Introduction

Le secteur agricole occupe une place prépondérante dans le développement économique et ces recettes d'exportations constituent une source importante de recettes en devises en Afrique subsaharienne (Napo, 2019). En effet, les activités liées à l'agriculture constituent encore le moyen de subsistance pour 60 % de la population active du continent africain, représentent 15 % de la totalité du produit intérieur brut (PIB) et 40 % de ses recettes en devises étrangères (OCDE/FAO, 2016). Au Bénin, l'agriculture constitue la première source de richesse. Elle contribue pour 32,7 % en moyenne au produit intérieur brut (PIB), 75 % à la recette d'exportation, 15 % à la recette de l'Etat et fournit environ 70 % des emplois (MAEP, 2017). Elle occupe donc une très grande place dans le développement et le maintien des fonctions vitales de la communauté à la base et par ricochet à la croissance de l'économie nationale. Malgré ce rôle de premier plan, les petits exploitants restent prédominants avec de faibles niveaux de productivité qui pourraient entraver les progrès du pays en raison de sa croissance démographique estimée à 3,5% (INSAE, 2015). Cela a gardé le Bénin dans le statut des pays les plus pauvres du monde car le revenu annuel par habitant est de 1250 dollars US (Banque mondiale, 2020). Son Indice de Développement Humain (IDH) est faible et est estimé à 0,52 en 2018 ; ce qui le classe à la 163ème place sur 189 pays évalués par le Programme des Nations Unies pour le Développement (PNUD, 2019). Suite au regain de croissance soutenue depuis 2012, autour de 5,5% en moyenne, la pauvreté monétaire ne recule pas. Les progrès en termes de réduction de la pauvreté non monétaire ne sont pas encore suffisants pour marquer ces dernières années, une évolution forte de l'Indice de développement humain (PNUD, 2019). L'un des facteurs à l'origine de cette situation est l'accès limité des petits exploitants aux moyens appropriés.

Dans les pays de l'Afrique subsaharienne notamment ceux de l'UEMOA, l'agriculture est essentiellement pluviale. Cette dépendance de la pluie expose les productions agricoles aux effets du changement climatique avec des conséquences de sécheresse, d'inondations, la dégradation des ressources naturelles et de la fertilité des sols, l'accès aux facteurs de production (Sogodogo et al., 2014). Alors, la problématique de développement qui fonde les Orientations Stratégiques de Développement (OSD), met l'accent sur l'accélération de la croissance économique du Bénin qui repose en priorité sur la promotion du secteur agricole. Ainsi, les petites exploitations agricoles ont besoin de s'intensifier, de se moderniser et d'adopter les innovations techniques, organisationnelles et des technologies pour améliorer leurs revenus agricoles (Wampfler & Lapenu, 2002). L'application de ces innovations et nouvelles technologies requiert de financement adapté. Or, la seule capacité d'autofinancement des petites exploitations agricoles ne suffit pas à financer cette modernisation car les revenus obtenus sont substantiels (destiné à la survie familiale). De plus, la grande masse de la population agricole et rurale de l'Afrique notamment du Bénin est constituée des petites exploitations agricoles dites familiales. Elles occupent une place déterminante dans l'approvisionnement des marchés intérieurs et extérieurs et fournissent la grande partie de la production agricole (Sylli, 2012). Le financement externe devient alors une alternative auquel ces exploitations font recours pour moderniser leur agriculture. A cet effet, l'inclusion financière à travers le financement de chaînes de valeurs agricoles affecte la gouvernance via les transferts de connaissances et des normes. A travers l'organisation socioprofessionnelles des agriculteurs en chaînes de valeurs agricoles (CVA), l'inclusion financière peut influencer la compétitivité des exportations agricoles d'un pays en impactant la qualité des institutions de ce dernier notamment les droits fonciers et la gouvernance basée sur les règles, les institutions de droits de propriété et les règles de politique commerciale agricole (Napo, 2019). Ceci permettra aux divers acteurs des CVA d'améliorer leur revenu à travers la modernisation et l'adoption des innovations dans le monde rural. C'est ce qui justifie la pertinence de la présente étude intitulée « **Institution de microfinance et productivité agricole au nord Bénin** » dont la zone d'investigation reste la partie septentrionale.

1. Problématique

Le système de financement des pays de l'Union Economique et Monétaire Ouest Africaine (UEMOA) a connu une mutation au cours des dernières décennies (Adamou, 1991). La faillite du système bancaire dans les années 80 a obligé la Banque Centrales des Etats de l'Afrique de l'Ouest (BCEAO) d'astreindre les banques classiques au respect de certaines règles prudentielles (Hoton et Soulé, 2002). Les banques à leurs tours sont obligées d'imposer des conditions d'accès à leurs services, lesquelles sont difficiles à remplir par les pauvres (Trazie, 2016). Ces réformes ont induit l'exclusion des populations rurales en particulier les agriculteurs du système financier. Cette situation a précipité les anciennes banques à induire des réformes profondes pour l'assainissement du secteur financier (l'exclusion financière), d'où l'émergence des institutions de micro finance (IMF) dans le financement et la promotion de la petite entreprise agricole et rurale présentée comme le pilier de la croissance économique (Niyongabo, 2008). Aujourd'hui, ces IMFs sont devenues une composante très importante de l'architecture financière dans les pays en développement de l'UEMOA, vu la masse d'agent qu'elles brassent et de l'ampleur de leur clientèle issue de toutes les couches sociales (Sossa, 2011). Cet afflux de l'épargne a fait augmenter le volume des activités des IMF d'où la genèse d'un volet de financement au soutien de l'agriculture (Nsengiyumva, & Mayoukou, 2018).

Par ailleurs, la libéralisation du secteur agricole qui se généralise, démantèle les dernières lignes de crédit agricole publiques, désamorce les mécanismes de sécurisation du crédit liés au monopole de la collecte, et aboutit à une raréfaction de l'offre de crédit agricole (Sossou & Fok, 2019). L'échec de l'offre de crédit agricole fondée sur l'intervention de l'Etat laissait la place à une nouvelle approche du financement rural et agricole (Napo, 2019). Ainsi, cette approche est marquée par la libéralisation du secteur financier et a induit le développement des IMFs dont l'effet escompté selon Napo (op. cit) était énorme sur le développement de la production des produits agricoles et sur la valeur ajoutée de leurs exportations. En effet, dans les pays de l'UEMOA, le taux d'usage de services des IMF est 8,33 % en 2006 contre 19,51 % en 2015 (BCEAO, 2017). Ce taux d'accroissement de 11 % environ traduit une inclusion financière effective en Afrique de l'Ouest notamment l'octroi des crédits aux plus pauvres. Or, le financement des activités qui se développent dans ces zones constitue un facteur déterminant dans la réduction de la pauvreté (Niyongabo, 2008).

Au Bénin, le crédit agricole a été signalé comme un outil efficace pour le développement agricole durable dans les milieux ruraux (Sossa, 2011). Cet outil fondamental permet l'amélioration de la productivité et le niveau de vie tout en brisant le cercle vicieux de la pauvreté auquel les petits agriculteurs sont exposés (Ololade et Olagunju, 2013). Ces agriculteurs familiaux ont besoin de se moderniser (mécanisation adaptée, petite irrigation), de s'intensifier (variétés modernes, engrais chimiques ou organiques, pesticides) et accéder aux nouvelles innovations (Adegbola et al., 2009). Cette modernisation ne peut être effective et réaliste qu'avec la mise en place d'un financement adapté, diversifié, accessible à tous et répondant aux besoins des producteurs, vu la faiblesse de leur capacité d'autofinancement (Wampfler, 2002). Le débat sur le financement des activités agricoles se résume au crédit des IMFs. Ces institutions restent cependant difficiles d'accès (formalité administratives, demande de garantie, position géographique, etc.) pour les producteurs et offrent également à des taux d'intérêts élevés (Yacoubou, 2018). C'est dans ce sens que Sossou et al. (2014) ont affirmé qu'au Bénin l'accès au crédit est particulièrement limité chez les agriculteurs. Hormis ces aspects, les travaux de Mordruch et collaborateurs (2009) ont montré que la performance sociale (ciblage des producteurs, l'adaptation social et politique des producteurs) de certaines IMFs se détériore progressivement au fil des temps alors même que le nombre d'institutions dans le domaine ne cesse de s'accroître. Il est donc aisé de comprendre que l'impact réel des IMF dans le domaine agricole reste encore aujourd'hui très mitigé. La prise en compte des impacts des services des IMFs sur les ménages ruraux pourraient permettre aux dirigeants de ces IMFs d'améliorer leurs services et de les orienter vers les besoins des bénéficiaires. Donc, la recherche sur les impacts des crédits en milieu rural pour une agriculture durable est nécessaire. C'est ce qui justifie la pertinence de la présente étude au nord-Bénin, et qui vise à répondre aux questions suivantes :

- Quels sont les caractéristiques du cadre politico-juridique et économique des IMFs au Bénin ?
- Comment les IMFs fonctionnent de cas de la FECECAM au Bénin ?
- Quels sont les impacts du crédit d'exploitation de la FECECAM sur les bénéficiaires intervenant dans la chaîne transformation agroalimentaire ?
- Le crédit CAEP de la FECECAM impact - il positivement/négativement les activités des bénéficiaires intervenant dans la chaîne de production agricole ?

3. Objectifs et hypothèses
3.1.Objectifs

L'objectif de la présente étude est d'évaluer l'impact du crédit de la FECECAM microfinance sur les activités des bénéficiaires intervenant dans les chaines transformation agroalimentaire et de production agricole au Nord Bénin.

Os1 : Caractériser le cadre politico-juridique et économique des IMF au Bénin,
Os2 : Analyser le fonctionnement de FECECAM Microfinance au Bénin,
OS3 : Analyser l'impact du crédit d'exploitation de la FECECAM Microfinance sur les bénéficiaires intervenant dans la chaine de transformation agroalimentaire,
OS4 : Analyser l'impact du crédit CAEP de la FECECAM sur les bénéficiaires intervenant dans la chaine de production agricole.

3.2.Hypothèses

A partir des objectifs de l'étude et des fondements théoriques liés à l'impact des crédits agricoles sur la productivité agricole, les hypothèses qui suivent ont été émises pour être testées :
OS1-H1 : le cadre politico-juridique et économique des IMF au Bénin est caractérisé par les textes, les lois les statuts et règlements appliqués selon la loi OHADA dans l'espace UEMOA
OS2-H2 : Le fonctionnement de FECECAM microfinance repose sur les activités de crédit et d'épargne.
OS3-H3 : Le crédit d'exploitation de FECECAM microfinance améliore la rentabilité des activités de transformation des bénéficiaires.
OS4-H4 : Le crédit agricole accordé (CAEP) de la FECECAM microfinance améliore la productivité des activités agricole des bénéficiaires.

4. Cadre théorique

Le financement agricole prit son origine des théories néo-classiques et keynésienne développées pour la croissance économique dans les pays sous-développés. La base de l'économie de ces pays, est l'agriculture. En effet, la théorie keynésienne stipule que les modèles de la politique de financement en milieu rural reposaient sur les actions de l'Etat. Cette intervention de l'Etat mettait l'accent sur l'utilité du crédit rural. Ces modèles analysaient le sous-développement rural et agricole comme le résultat d'une incapacité des paysanneries pauvres à épargner et à investir. Ainsi, le crédit était alors utilisé comme un levier du développement nécessaire pour amorcer le cercle vertueux du développement et de l'investissement privé. La théorie keynésienne mettait en exergue le financement public comme un mécanisme induisant le changement technique au financement de l'innovation et au développement de la production agricole. La théorie keynésienne conclue à un financement rural à travers le crédit agricole par l'intervention de l'Etat (Napo, 2019).

Par ailleurs, les théories économiques néo-classiques stipulaient que l'Etat ne doit plus financer ou intervenir dans le secteur agricole en lui dédiant un budget ou un crédit. Les théoriciens néo-classiques préconisaient une libéralisation du système financier à travers la construction d'un marché financier rural qui permet un accès durable aux services financiers en mettant en relation les agents disposant de ressources financières avec ceux qui en ont besoin suivant le concept « d'approfondissement du système financier » qui se repose sur la levée des contraintes pesant sur le système financier et sur le désengagement de l'Etat (Napo, 2019 ; Mac Kinnon, 1973 ; Gurley et Shaw, 1967). Ce désengagement de l'Etat et la libéralisation économique ont ainsi suscité le développement de la microfinance à travers l'octroi du crédit agricole qui, a induit le développement de la production des produits agricoles et sur la valeur ajoutée de leurs exportations.

Ces deux théories ont donné naissance à plusieurs courants économiques et des modèles de financement du secteur agricole par les microfinances (IMF). Avant d'amorcer les fondements théoriques relatifs au financement agricole par les IMF, il est important de clarifier le concept « microfinance ».

La microfinance est la combinaison de deux mots qui signifient petit paiement ou petit-prêt. Le préfixe micro vient du mot grec « mikros » qui signifie « petit » ou encore « la division ». Quant au terme finance, il est dérivé du latin « finanre » qui selon l'encyclopédie Hachette veut dire « fixer une indemnité » ou « une amende », ou encore « ce qui rapporte de l'argent » ou concerne « le paiement d'une certaine somme d'argent » (Ndione, 2019).

Le mot microfinance apparait dans les écrits pour la première fois dans les années 89 au cours de la conférence organisée par la banque mondiale sur les micro-entreprises. Sa mise en place est une solution au retrait progressif des États, compte tenu des difficultés pour intervenir dans toutes les branches de l'économie.

La microfinance est entrée dans une nouvelle étape de développement, elle doit répondre à des besoins beaucoup plus complexes et soumis à de perpétuels changements. Nous notons la présence de plusieurs IMF avec des buts différents, par exemple les IMF à but lucratif dont l'objectif est la maximisation du profit (c'est la commercialisation de la microfinance).

La commercialisation est définie comme l'augmentation du nombre d'organisations de microcrédit au profil commercial se positionnant sur une branche bien définie (Barlet, 2000).

De surcroit, nous notons le développement de la filière inverse qui se définit comme la création pour les pauvres de nouveaux besoins et des gammes de services en solution (micro-assurance).

La microfinance a toujours été considérée comme une activité sociale (Armendariz et Murduch, 2005). Pour ces derniers, c'est un service financier semblable aux autres et qui fonctionne grâce à des mécanismes de capitalistes. La microfinance est généralement définie comme l'offre de services financiers au profit des populations démunies ayant peu ou pas accès aux services des institutions financières classiques (Prescott, 1997). Elle est encore définie comme une finance de proximité, une finance sur mesure car elle est capable d'innover sans cesse pour s'adapter davantage aux besoins ; elle est de la finance vécue par des personnes qui se connaissent et qui ont des affinités.

Pour la Banque Mondiale (2000), la microfinance correspond à l'idée selon laquelle les pauvres comme toutes les autres personnes doivent avoir accès à un large panel de services financiers à faible coût. Elle correspond à l'offre de services de prêts, d'épargne ainsi que d'autres services de base proposés aux exclus du système formel des banques (CGAP, 1997).

La microfinance a plusieurs objectifs parmi lesquels le ciblage des populations pauvres afin de faciliter le développement des activités génératrices de revenus et de l'épargne (Delalande et Paquette, 2007). Pour Labie et al. (2007), la microfinance regroupe l'ensemble des mécanismes et des services financiers adaptés aux besoins des ménages actifs mais n'ayant pas accès aux circuits financiers classiques. Elle joue donc un rôle positif en aidant à mieux maitriser les dépenses liées aux risques, à mieux gérer les rythmes entre recette et dépense (Martinez, 2007). D'après Christen et al. (2003), la microfinance désigne la prestation de services bancaires aux personnes à faible revenu, elle leur permet également de diversifier et d'accroître leurs sources de revenu, ce qui constitue un moyen non négligeable dans la lutte contre la pauvreté et la faim (Fodé Ndiaye, 2009).

Selon Blondeau (2006), la microfinance est la fourniture d'un ensemble de services financiers aux personnes qui sont exclus du système bancaire. De plus, Gentil et Servet (2002) stipulent que le terme microfinance recouvre un ensemble très divewrsifié de dispositifs offrant des services d'épargne, de prêt ou d'assurance à de larges fractions des populations rurales, mais aussi urbaines, n'ayant pas accès aux services financiers des établissements soumis à des contraintes de rentabilité et à certains ratios prudentiels. Elle est encore appréhendée comme la fourniture de prêt, d'épargne, de transfert d'argent, d'assurance aux populations à faible revenu (Lafoucade et al, 2005).

4.1.Fondement théorique du fonctionnement des Microfinances (IMF)

Dans la littérature, plusieurs théories sont utilisées pour analyser le fonctionnement des microfinances dans les pays en voie de développement pour l'éradication de la pauvreté et la croissance économique. On note : la théorie de la mobilisation des ressources, la théorie de la régulation, la théorie de l'asymétrie d'information, la théorie de la répression financière, la théorie des coûts de transaction, la théorie des contrats, la théorie des parties prenantes, la théorie de l'enracinement, la théorie de l'agent et la théorie des droits de propriété. Chacune de ces théories fait émerger une compréhension différente du fonctionnement, de l'organisation et de la représentativité ou couverture géographique des IMF.

- Théorie de la mobilisation des ressources

La théorie de la mobilisation des ressources met l'accent sur l'importance des facteurs organisationnels et stratégiques des producteurs et des IMF. Les ressources dont ont besoin les producteurs sont le crédit et l'épargne pour l'acquisition des facteurs de production (achat des intrants, matériels et équipements, paiement de la main d'œuvre, etc.). Selon McCarthy et Zald (1977) les ressources sont l'argent, les infrastructures, le travail et la légitimité, tandis que Tilly (1978) désigne les ressources par la terre, le travail, le capital et l'expertise technique.

L'épargne et le crédit représentent aussi les ressources du fonctionnement des IMF. Ainsi, la combinaison des services d'épargne et de crédit constitue le sous-bassement même de l'intermédiation financière (Ymele, 2013). Ces deux services (épargne et crédit) sont donc indispensables au fonctionnement des IMF. En effet, la mobilisation de l'épargne locale pourrait constituer la source de financement la plus abondante et la plus rapidement disponible pour les IMF (Robinson, 1997). Selon Labie (1999), ce type d'épargne est une ressource moins coûteuse comparativement aux crédits bancaires et à d'autres types de fonds. De ce fait, Robinson (1997) évoque les trois conditions nécessaires pour la mobilisation de l'épargne par une IMF:

- un environnement macroéconomique propice, un cadre juridique et réglementaire approprié, un degré raisonnable de stabilité et une situation démographique favorable ;

- la surveillance des institutions qui offrent des microcrédits pour préserver les intérêts des clients et surtout ceux des déposants. Il faut pour cela des règles souples et bien adaptées au secteur de la microfinance. L'organisme chargé de la supervision doit être capable d'assurer sa mission avec efficacité ;

- l'organisation de microfinance concernée doit faire preuve de solvabilité et justifier de bonnes performances tant en termes de recouvrement de ses crédits et que de rendement de son investissement.

En effet, l'épargne est la partie du revenu qui pendant une période donnée n'est pas dépensée. Cette somme d'argent n'est pas détruite immédiatement par une dépense de consommation et peut être conservée sous forme liquide ou être réinvestie dans le circuit économique sous la forme d'un placement ou d'un investissement.

Selon Bouyakoub (2000), le crédit en économie, terme désignant des transactions en nature ou en espèces effectuées en contrepartie d'une promesse de remboursement dans un délai généralement convenu par avance. Le crédit est une opération fondée sur la confiance (crédit vient de mot latin «crédence» qui signifier «croire ») car le préteur doit attendre l'exécution de la prestation que l'emprunteur devra réaliser. Dans certain cas, des garanties sont demandées à l'emprunteur pour accroitre la confiance qui peut lui être accordée (caution, nantissement, hypothèque...). Dans le domaine de crédit, les institutions financières jouent un rôle particulier même si des crédits peuvent être accordés par d'autres agents économiques. Comme c'est le cas par exemple des fournisseurs lorsqu'ils consentent de délais de paiement à leurs clients.

A cet effet, plusieurs auteurs ont défini le microcrédit de diverses manières et selon des contextes donnés. Ainsi, le microcrédit est selon Servet (2006), l'outil très efficace pour lutter ou éradiquer la pauvreté et permet de stimuler le développement local à travers des prêts à petits montants accordé à des groupes d'individus solidaires (*microcrédit solidaire*) ou à des individus (*microcrédit personnel*) par des institutions telles que les banques, les programmes publics, les ONG, etc.

Son effet peut être théoriquement positif sur la vulnérabilité et prémunir contre les risques tout en permettant aux pauvres de développer une activité créatrice de revenus, d'avoir un fonds de roulement ou un capital, et de lisser la trésorerie et éviter d'avoir recours à des emprunts à fort taux d'intérêt (Martinez, 2007).

Le microcrédit est censé être un instrument susceptible de rendre les gens, une fois organisés en communauté d'entre-aide, maîtres de leurs destinées : c'est la notion « empowerment» (Ndione, 2019). Selon Lelart (2005), l'intérêt du microcrédit est de combiner une exigence économique (mener une activité et une exigence sociale de lutte contre la pauvreté).

Le microcrédit personnel est « *un prêt bancaire amortissable accordé à une personne physique n'ayant pas accès aux crédits bancaires classiques mais disposant d'une capacité de remboursement au moment de la demande* » (Tocqué, 2014). Il faut remarquer que l'idée d'une banque des pauvres était rejetée, le microcrédit en effet est destiné à une clientèle n'ayant pas accès au crédit mais solvable (Ndione, 2019).

En milieu rural, le microcrédit bénéficié par les populations rurales est appelé le crédit agricole. On entend par crédit agricole, tout type de crédit reçu pour financer les opérations de l'exploitation agricole, c'est-à-dire l'achat des intrants nécessaires à la production végétale et animale, la construction de bâtiments agricoles et l'achat de machines agricoles. Le crédit agricole est une composante du crédit rural qui finance spécifiquement des activités et des services qui touchent le secteur agricole. Il se subdivise en crédits de court terme, de moyen terme et de long terme. Le crédit de court terme ou crédit de campagne se réfère généralement à une période allant de moins d'un an jusqu'à deux ans. A titre d'exemple, nous pouvons citer les crédits de campagne servant à acquérir des intrants (semences, engrais, pesticide…) et faciliter l'écoulement des productions sur le marché, les avances en compte courant, les facilités de trésoreries, etc. Ce type de crédit vise principalement des opérations d'exploitation. Le crédit de moyen terme couvre une période allant de deux à cinq ans. Il sert à financer l'acquisition de matériel agricole, d'animaux, d'unité de stockage, de charrette, etc. Le crédit de long terme s'échelonne sur plus de cinq ans. Il permet de faire l'acquisition de terres, la construction d'infrastructures plus importantes comme les bâtiments de ferme, de réseaux d'irrigation, etc. Ces deux derniers types de crédit sont des crédits d'investissement (destiné au financement des opérations d'investissement au sein de l'exploitation agricole).

Par ailleurs, les producteurs s'organisent en des groupes pour nouer des alliances, instaurer des dispositifs de coopération afin d'accéder à des prêts (microcrédit) pour la tenue de la production de conditions de viabilité de l'action qu'à une hypothétique « valeur d'échange » de ces « ressources de négociation » (Blin, 2005).

- **Théorie de la répression financière**

La théorie de la répression financière est la toute première approche permettant de mesurer l'efficacité des IMF comparativement aux institutions financières classiques. Elle apparut pour la première fois dans les écrits de McKinnon et Shaw (1973) et Gurley & Shaw (1956, 1960) et fut développé par **Fry (1982). Cette théorie** expose les problèmes de la mobilisation de l'épargne intérieure en vue du développement économique (Delalande & Paquette, 2007). Elle met en exergue la notion de l'efficacité productive ; la persistance du rationnement de crédit en microfinance ; et les préalables macroéconomiques (institutionnalisation impliquant règlementation et supervision).

En effet, selon (Ymele, 2013), la répression financière est « *la distribution du crédit à travers un système bancaire étatisé conduit à une allocation de ressources non effectuées sur des critères purement économiques (comparaison du taux d'intérêt débiteur et de la rentabilité des projets)* ». Ainsi, elle se manifeste par un ensemble des mesures restrictives qu'imposent les pouvoirs publics à l'exercice de l'activité financière dans une économie. Ces restrictions consistent essentiellement (Delalande & Paquette, 2007):

- *en la fixation administrative des taux d'intérêts ;*

- *en la constitution des coefficients des réserves obligatoires ;*

- *en la régulation de la concurrence ;*

- *au contrôle des changes.*

La répression financière se caractérise par : la faiblesse des ressources collectées par le système financier dû en grande partie aux faibles taux d'intérêt, et avec quasi absence du marché financier ; et l'inefficacité des systèmes d'intermédiation financière caractérisés par la faiblesse de la concurrence entre ses composantes. Selon **Servet (2006)**, trois conditions sont nécessaires pour la validation des hypothèses de la répression financière :

- existence d'une forte étanchéité entre organisations formelles et informelles ;
- inversement proportionnel du taux de participation des différentes catégories de la population aux pratiques informelles à leur capacité d'accès aux institutions formelles ;
- Il faudrait enfin que les pays dont les systèmes financiers formels sont fortement réglementés connaissent un degré de développement des pratiques financières informelles plus élevé que les pays aux institutions moins réglementées.

La répression financière aboutit à un dualisme financier dans les pays en développement, pratiquant le principe du rationnement de crédit entre le secteur financier officiel et un marché informel qui regroupe toutes les transactions financières (emprunts et dépôts) qui ne sont pas réglementées. Elle se manifeste donc par la fixation par les pouvoirs publics des taux d'intérêt en dessous du niveau d'équilibre. Une des conséquences de la répression financière est la fixation des taux créditeurs également à des niveaux plus bas que les taux d'équilibre. En effet, la nécessité pour les intermédiaires financiers.

- **Théorie des coûts de transaction**

En microfinance, la théorie des coûts de transaction enrichit l'analyse de l'efficacité et aborde des notions telles que les économies d'échelle, les effets de synergie entre deux ou plusieurs institutions (Ymele, 2103). Cette théorie stipule que les agents ne sont dotés que d'une rationalité limitée tout en se comportant de manière opportuniste. Selon **Williamson (2009)**, toute transaction économique engendre des coûts liés aux défaillances du marché, à la prévention de l'opportunisme des autres agents, et à la recherche d'informations. Ainsi, les agents économiques peuvent être amenés à rechercher des arrangements institutionnels alternatifs permettant de minimiser ces coûts. Ses coûts constituent une problématique importante pour les gens qui ont de l'argent à prêter. Même si quelqu'un qui connait un entrepreneur qui veut lancer une entreprise, et souhaite lui prêter de l'argent, doit pour se protéger contre toute éventualité payer un juriste pour rédiger le contrat de prêt et préciser les conditions de paiements des intérêts et du remboursement. Si le montant de prêt est peu élevé, *le paiement de ce spécialiste risque de lui coûter plus cher que tous les intérêts qu'il ne pourra jamais obtenir, de sorte que le prêt peut ne pas être réalisé* (Ymele, 2013).

- **Théorie d'agence ou théorie principal-agent**

Jensen et Meckling, **(1976) définissent l**a relation d'agence comme « *une relation au cours de laquelle une ou plusieurs personnes (le principal) engagent une ou plusieurs autres personnes (les agents) pour exécuter en leur nom une tâche qui implique la délégation d'un certain pouvoir de décision de ces derniers* ». Alors, toute relation d'agence donne parfois lieu à une asymétrie de l'information entre les individus à travers le risque moral et/ou la sélection adverse (Ymele, 2013).

- Le **risque moral** ou **aléa moral** se définit sous deux angles : *le risque moral ex ante* qui regroupe toutes les actions de l'emprunteur qui ne peuvent pas être observables par le prêteur une fois le prêt obtenu, mais avant que le rendement soit réalisé, et *le risque moral ex post* qui regroupe toutes les actions de l'emprunteur une fois le rendement du prêt obtenu.
- La **sélection adverse** ou **anti-sélection** se présente dans la situation où des emprunteurs détiennent des renseignements qui leur permettent d'obtenir des prêts qui leur sont favorables et qui défavorisent la banque ou l'IMF.

- **Théorie de l'asymétrie d'information**

L'asymétrie de l'information peut être à l'origine de comportements conduisant à des rigidités des quantités et des prix, au déséquilibre, voire à la disparition du marché (Nembot Deffo, 2012 ; **Akerloff**, 1970). On suppose qu'un des agents, le prêteur ou l'emprunteur, dispose d'une information privée qui n'est pas totalement transmise aux prix des actifs sur le marché et qu'il peut exploiter aux dépens de l'autre (Ymele, 2013). A cet effet, Lobez (1997) postule que l'emprunteur dispose d'une meilleure information que le prêteur sur les paramètres qui vont déterminer la rentabilité effective du projet et ensuite en gouverner le partage des revenus. Il en est ainsi, par exemple, des flux de liquidité générés par un investissement financé par emprunt. La distribution effective des flux de liquidité conditionne directement la probabilité de défaut de paiement de l'emprunteur et donc l'espérance de rendement du prêteur. Il en est de même du risque d'exploitation de l'entreprise qui emprunte. Celle-ci connaît relativement mieux que le prêteur son métier, son marché ainsi que la conjoncture dans laquelle elle évolue. Dans ces deux cas, l'asymétrie d'information s'observe entre l'emprunteur et le prêteur, au détriment de ce dernier (Soulama, 2002).

Sur le plan technique d'information, Lapenu (2002) note que le bon fonctionnement de toute institution de microfinance passe par une comptabilité efficace, rapide, fiable, avec un système complémentaire d'indicateurs et de suivi-évaluation, un système de contrôle, interne et externe qui puisse valider la qualité des informations. Selon cet auteur, les principes d'organisation des IMF sont assez classiques et ce sont la clarté des objectifs, des missions à moyen terme, la cohérence entre objectifs, activités et moyens, la claire répartition des tâches et des responsabilités, la politique de ressources humaines, un système d'incitations positives et négatives, les modes de coordination et de contrôle, et les procédures d'adaptation permanente.

La gouvernance d'une institution s'exerce telle une chaîne continue entre la stratégie, la diffusion de l'information, les prises de décision, l'exécution et le contrôle. Tout chaînon manquant ou faible fragilise l'ensemble de la structure. Il faut une cohérence d'ensemble des maillons grâce à des systèmes d'information, de formation et de contrôle ajustés au faible niveau de scolarisation initial des salariés et des élus, à un niveau de prise de décision adapté à l'isolement des caisses de base de l'IMF à une répartition des tâches et des responsabilités conformes à l'environnement social des acteurs, etc.

4.2.Cadre politico-juridique et économique des IMF au Bénin.

Dans la plupart des pays de l'Afrique de l'Ouest notamment le Bénin, leur système financier s'inscrit dans une économie qui reste de façon générale sous-développée et a connu de grandes difficultés à la fin des années 80 avec une monnaie surévaluée (PNUD, 2006), des prix des matières premières défavorables et une mauvaise gestion des finances publiques. Les opportunités économiques sont limitées par le manque d'infrastructure physique et institutionnelle tandis que l'instabilité macroéconomique accentue les risques et les incertitudes de l'activité économique. Toutefois, au cours de la dernière décennie, les performances économiques du Bénin ont été remarquables. Le système financier du Bénin est dominé par les banques qui détiennent environ 90 % des actifs du système. Le secteur bancaire est dominé par les banques étrangères.

L'émergence des institutions de microfinance au Bénin remonte à environ deux décennies dans un système financier caractérisé par une exclusion bancaire massive et la dominance d'alternatives informelles de financement des micro-entreprises et des ménages. Leur offre de services financiers a connu une évolution marquée par le rôle des acteurs stratégiques tels que les gouvernements, bailleurs de fonds, ainsi que les autorités monétaires dans la promotion du secteur. On peut analyser cette offre de deux principales manières, soit en regardant la croissance des IMF et celle de leur activité, soit en regardant la typologie des IMF, la couverture géographique et la répartition des financements par activité (Sossa, 2011).

Deux approches semblent envisageables : soit une intégration de la microfinance dans les politiques de développement agricole et rural; soit passer par des apports des politiques publiques aux actions de la microfinance en vue de renforcer sa contribution dans le développement agricole et rural. Dans le cas du Burundi, la politique de développement agricole et rural intègre la microfinance comme une des sources importantes de financement. Cependant, le développement de la microfinance et le développement agricole et rural relèvent de niveaux institutionnels distincts. Dès lors, c'est la deuxième approche qui nous semble correspondre mieux à l'esprit des politiques sectorielles et générales de développement agricole et rural. Par ailleurs, l'étendue de la notion de politique de développement nous oblige à délimiter les domaines potentiels à traiter dans cette recherche : politiques sectorielles et générales de développement agricole et rural, de crédit, de fiscalité, de stabilité macroéconomique, aide publique au développement, et enfin cadre réglementaire. (Niyongabo, 2008).

Les IMF se sont affirmées comme « une option de financement spécialement bien adaptée au secteur informel en pleine croissance et comme une solution de prédilection à une pauvreté et à un sous-emploi croissants » Bédécarrats et al. (2011). Les produits offerts sont principalement le crédit sur une durée de 3-12 mois et les dépôts à vue et à terme (Kodjo et al., 2003).

Les institutions de microfinances jouent un rôle très incontournable dans le développement de l'économie Béninoise à travers la mobilisation de l'épargne et le financement des activités des acteurs du monde agricole. Malgré les aspects positifs qu'on leurs reconnait, elles sont impactées par une série d'acte juridique et réglementaire qui devrait permettre à toutes les institutions de microfinance incluent dans le secteur de fournir des services efficaces, durable et répondant aux besoins des populations pauvres. La politique gouvernementale en matière de microfinance retient un certain nombre de principes généraux de base sur lesquels les acteurs ont marqué leur accord. Parmi ces principes, on peut citer: le grand rôle confié aux institutions de microfinance dans l'octroi de crédit, le non-respect des évènements de microfinance par l'Etat, la création d'un environnement politique, économique, législatif et réglementaire favorable au développement du secteur (Sossou, 2015).

En revanche, pour respecter ses principes, les rôles et responsabilités des acteurs sont clairement définis comme suite : les structures financières s'engagent à promouvoir une intermédiation financière durable et apte à perdurer, le gouvernement aide les IMF à développer leur offre et à élargir leurs marchés financiers en créant un environnement en leur faveur, les banques et d'autres établissements financiers agissent en tant que grossistes vis-à-vis des IMF, l'apport d'une assistance technique par les ONG et autres structures d'appui pour nouer davantage les relations entre la clientèle et les IMF.

Les institutions de microfinance accordent des microcrédits, et proposent même parfois des solutions d'épargne, permettent aux populations pauvres en général et les femmes en particulier qui ne disposent pas de propriété foncière (principale garantie d'octroi de crédit en milieu rural) d'avoir accès au crédit afin d'améliorer la capacité des ménages à stabiliser leur revenu et leur pouvoir d'achat de denrées alimentaires. Elle en est pourtant très éloignée dans son fonctionnement, surtout lorsqu'elle a un statut d'association, de mutuelle ou de coopérative.

Selon Adegbola et Singbo (2005), nous pouvons regrouper les divers produits qu'offrent les institutions de microfinance en trois (3) grandes catégories qui sont : crédit de consommation, crédit de fonctionnement et crédit d'investissement ou crédit aux équipements. Plus loin, on découvre qu'en fonction de l'approche utilisée dans le domaine de la micro finance, on distingue deux types d'IMF au Bénin. Il existe d'une part, celles qui privilégient l'approche ''Epargne d'abord'', et d'autre part, celles qui s'appuient sur l'approche ''Crédit d'abord'' (Adegbola et Singbo, 2005). Pour ce qui est de ''Epargne d'abord'', le crédit consiste en la mobilisation et le transfert de l'épargne. L'épargne doit être vue comme la première étape à franchir pour l'obtention de crédit et d'investissement. Par contre, dans l'approche ''crédit d'abord'', la mise à disposition de crédit aux populations pauvres leur permettra d'exercer des activités économiques et de bénéficier, ce qui leur aidera à rembourser les crédits reçus au préalable car elles ne possèdent pas assez de ressources pour accéder à l'épargne.

C'est ainsi qu'il faut comprendre que l'accessibilité au crédit est régie par des normes définies par les structures de microcrédit. Sossou (2015), pour tous exploitants du monde agricoles, les conditions d'accessibilité de crédit auprès des IMF au Bénin se résument sur les facteurs suivant : la satisfaction à la constitution d'un dossier personnel, la présentation de deux avaliseurs, l'ouverture d'un compte (avoir la capacité d'épargner dans ce compte), la disposition d'une garantie matérielle et d'une garantie financière. Le critère d'éligibilité, examinés pour octroyer un crédit, ne s'appuient pas sur la solidité des garanties offertes (salaires, patrimoine, etc...), mais sur des critères plus humains : si bien sûr la viabilité du projet est examinée dans le cas d'un prêt visant à financer une activité, l'évaluation repose aussi sur les entretiens avec l'emprunteur et pas seulement sur un formulaire. D'une part, l'IMF ouvre une enquête de moralité pour être sûr de la confiance portée sur le demandeur de crédit et de l'utilité du prêt qu'il a contracté. D'autre part, en cas de défaillance du producteur la garantie matérielle exigée par l'IMF doit être vendable pour solder la défaillance. La garantie réelle, exigée par les banques pour consentir un prêt, peut être remplacé par un mécanisme de solidarité du groupe. Par exemple dans des mutuelles ou coopératives, chaque emprunteur se porte garant pour les autres au sein d'un groupe de caution solidaire. Pour la plupart des IMF au Bénin, le témoin exigé porte sur une relation parentale avec le demandeur de Crédits car il peut être la femme, le mari ou encore un membre de la famille du demandeur du crédit (Sossou, 2015). L'IMF noue une relation de proximité avec les bénéficiaires des microcrédits, et garantit un véritable suivi des emprunteurs, pour les aider à réussir leurs projets, à gérer leur budget. Ainsi, au-delà des services bancaires proprement dit, l'IMF peut même proposer des formations au crédit ou à la gestion d'un budget familial voir à la constitution de l'épargne dans un objectif pédagogique d'éducation financière. Les modes de remboursement des prêts peuvent être adaptés au public visé, avec par exemple des échéances hebdomadaires. De façon générale, les IMF proposent aux producteurs surtout les plus pauvres des prêts groupés reposant sur la solidarité entre les membres du groupe, ce qui ne nécessite aucune garantie : L'IMF demande de constituer un groupe d'emprunteurs, et accorde un microcrédit groupé. Ici, la garantie est vue comme une forme de garantie sociale : les membres sont engagés vis-à-vis de l'IMF, mais aussi de leurs co-emprunteurs.

Par ailleurs, il existe des conditions qui rendent l'accès aux crédits plus facile au niveau des IMF. Il s'agit de : la pratique d'une activité, l'appartenance à une Organisation Paysanne (OP), l'origine du demandeur (être natif du village), la participation à une séance d'information sur le crédit par les agents des IMF, le paiement des frais de dossier et la possession de garantie (Sossou, 2015). Par contre il y a des conditions limitant l'obtention du crédit par les exploitants agricoles. On note : la période de déblocage ou décaissement du crédit, le taux d'intérêt, le montant de prêt demandé, la garantie exigée et dans certains cas le payement des frais de dossier. Pour eux, les IMF sont souvent en retard en ce qui concerne le traitement des dossiers administratif ce qui fait que les producteurs reçoivent tardivement le crédit et ne leur permet non seulement pas d'utiliser ce crédit comme prévu mais aussi il leur crée de difficulté lors du remboursement. Le taux d'intérêt de la plupart des IMF est élevé et la durée du remboursement est très courte.

4.3. Impact du crédit octroyé par les IMF sur les exploitations agricoles
Plusieurs caractéristiques que présentent les IMF impactent leur fonctionnement et leur système de gestion (Ndione, 2019). Leur fonctionnement et leur particularité peuvent entraîner une complexification de leurs systèmes surtout en période de croissance (Perilleux, 2008).

Les analyses d'impact montrent que les institutions de microfinance (IMF) rurales financent spontanément le développement d'activités rurales telles que le commerce, l'artisanat, la transformation agro-alimentaire. Ces activités génèrent des revenus réguliers, relativement sûrs, avec des cycles de rotation du capital rapides limitant les risques et permettant des taux de rentabilité élevés. Les activités agricoles présentent, au contraire, des degrés de risque importants, et une rentabilité souvent aléatoire ; par ailleurs, les besoins de financement de l'agriculture portent sur du crédit de court terme (que les IMF pratiquent couramment), mais aussi sur du crédit de moyen terme, que la microfinance assure avec plus de difficulté. Ces facteurs contribuent à expliquer la grande prudence que montre la plupart des institutions de microfinance à l'égard du crédit agricole. L'objectif de durabilité des services financiers renforce cette tendance, les IMF étant naturellement portées à investir dans les secteurs économiques les plus rentables et les moins risqués pour sécuriser leur pérennisation (Wampfler et Lapenu, 2002).

Une des pistes les plus intéressantes pour la gestion du risque de crédit à l'agriculture passe par le financement des chaînes de valeur, au travers de partenariats multipartites entre les différents acteurs des filières (producteurs, organisations de producteurs, industriels, exportateurs et fournisseurs d'intrants, institutions financières). Dans ce cadre, des institutions financent certaines filières agricoles en partageant les risques grâce à des contrats tripartites passés avec des coopératives ou avec des agro-industriels désireux de sécuriser leur approvisionnement en produits agricoles. Ce type de contrat permet aux producteurs de garantir leurs débouchés et d'accéder à des fin ancements. L'institution financière, quant à elle, sécurise son prêt (Napo, 2019).

Ainsi plusieurs approches sont utilisées dans la littérature pour analyser les effets des crédits agricoles sur les exploitations agricoles. Ces approches sur la mesure d'impact, selon Fall (2006) sont regroupées en deux grandes tendances : les méthodes d'évaluation d'impact dites institutionnelles et les méthodes économétriques. Les méthodes d'évaluation institutionnelles sont des méthodes dont les études reposent avant tout sur le qualitatif (appuyé par des données quantitatives) visant à analyser les stratégies ou comportements (approche sur financement de l'agriculture et sur les stratégies des ménages). Les méthodes économétriques sont des approches essentiellement quantitatives qui cherchent à prouver l'impact, en particulier en comparant bénéficiaires et non bénéficiaires et en cherchant à identifier les différences significatives entre eux.

L'insuffisance des méthodes d'évaluation institutionnelles est qu'elles ont été jugées par les praticiens, des approches lourdes et souvent non opérationnelles, car ils avaient le sentiment que ces méthodes étaient généralement incapables de répondre à leurs propres besoins d'information et incapables d'améliorer la qualité de leur pratique (Fall, 2006). Les méthodes économétriques axées sur le contrefactuel sont les plus utilisées dans les études d'évaluation des impacts (Arouna et al., 2017 ; Ouédraogo, 2017 ; Gertler et al., 2016 ; Arouna et al., 2015). L'approche contrefactuelle est l'approche sur laquelle les évaluations d'impact quantitatives sont typiquement basées. Cette approche définit l'impact d'une intervention comme étant la différence entre les résultats observés sous l'intervention et le scénario dit contrefactuel. En effet, l'OIT (2019) prône qu'en pratique, le vrai contrefactuel est impossible à mesurer et que les méthodes d'évaluation d'impact tentent de quantifier les effets de causalité en estimant ou en construisant souvent le contrefactuel, mais pas toujours par comparaison avec les groupes témoins, parfois appelés groupes de contrôle (non-adoptants). Le groupe des adoptants est appelé le groupe de traitement. Les groupes de traitement et de comparaison (non adoptants) devraient avoir les mêmes caractéristiques à au moins trois niveaux (Gertler et al., 2016). Ainsi, cette démarche consiste à considérer la différence, par exemple, des revenus moyens entre les transformateurs adoptants et les transformateurs non-adoptants. L'interprétation de cette différence comme une relation de causalité entre l'adoption des stratégies d'adaptation et le revenu obtenu, pose de nombreux problèmes (Arouna et al., 2017). Le principal problème réside dans l'existence de biais de sélection (Heckman, 2010). Pour limiter ce biais, les approches expérimentales (expérience sociale ou randomisation) et non-expérimentales ont été développées (Arouna et Diagne, 2013). L'approche de la variable instrumentale (approche non expérimentale) a été introduit dans les études de mesure d'impact (Arouna et al., 2015 ; Imbens & Wooldridge, 2009 ; Abadie, 2001 ; Imbens and Angrist, 1994), une approche la plus utilisée par les économistes en se basant sur les théories économiques et économétriques pour réduire les erreurs potentielles dans l'estimation des impacts (Diagne et Demont, 2007). Le rôle d'une variable instrumentale est alors d'introduire une variation exogène dans la variable de traitement permettant ainsi une interprétation causale (Arouna et al., 2017). La variable instrumentale permet d'identifier les caractéristiques de la population potentielle ciblée (Arouna et al., 2015).

Pour tester l'hypothèse 3 relative à l'objectif 3 selon laquelle le crédit d'exploitation des IMF améliore la rentabilité des activités de transformation des bénéficiaires. La méthode du Local Average Treatment Effect (LATE) basée sur l'approche contrefactuelle sera utilisée dans cette étude car elle permet d'estimer sans biais l'effet moyen local du traitement dus aux caractéristiques observables et non-observables et réduit les problèmes de biais de sélection.

Considérons R_i comme une variable binaire indiquant le statut du transformateur, avec $R_i = 1$ pour le bénéficiaire du crédit et $R_i = 0$ si non. Soient Y_{i1} et Y_{i0}, deux variables aléatoires du revenu du transformateur i s'il a bénéficié ou non du crédit pour les activités de la transformation agroalimentaire. Le niveau observé du revenu du transformateur i est donné par :

$$Y_i = (1 - \alpha_i)Y_{0i} + \alpha_i Y_{1i} \qquad (1)$$

L'impact du crédit du transformateur i est la différence entre les valeurs du revenu obtenu de la transformation agroalimentaire bénéficiaire et non bénéficiaires du crédit ($\alpha_i = Y_{1i} - Y_{0i}$). Le véritable problème ici est qu'un transformateur ne peut être à la fois bénéficiaire et non bénéficiaire (Issifou et al, 2017 ; Arouna et Diagne, 2013). Il est donc impossible d'observer simultanément Y_{1i} et Y_{0i} pour un même transformateur : c'est le contrefactuelle de Rubin (1974) et l'impossibilité de l'observer représente le problème fondamental de toute évaluation d'impact (Issifou et al, 2017 ; Arouna et Diagne, 2013 ; Heckman, 2010). Selon Arouna et Diagne (2013), l'unique valeur observable d'un indicateur de résultat est donc y tel que :

$$Y = (1 - R_i)Y_{0i} + R_i Y_{1i} = Y_{0i} + R_i(Y_{1i} - Y_{0i}) = Y_{0i} \propto R_i \qquad (2)$$

Pour résoudre le problème de ces biais de sélection l'approche non expérimentale est employée. Cette approche est basée sur l'observation et le contrôle des variables qui causent le phénomène de sélection par des méthodes de régression (Issifou et al., 2017 ; Arouna et Diagne, 2013). Plus précisément, c'est la méthode de la variable instrumentale qui est utilisée. La connaissance des IMF est utilisée comme variable instrumentale.

L'effet causal du traitement est défini pour chaque transformateur par l'écart $\Delta = Y_1 - Y_0$ qui représente la différence entre ce que serait la situation du transformateur s'il était traité et ce qu'elle serait s'il ne l'était pas. L'effet causal a ainsi deux caractéristiques importantes à savoir : il est inobservable, puisque seule une des deux variables potentielles est observée pour chaque transformateur et ; il est individuel, et de ce fait, il existe une distribution de l'effet causal dans la population (Gvord, 2014).

La distribution de l'effet causal n'est identifiable à condition que Y_{1i}, Y_{0i} et R_o soient tous indépendants, étant donné les caractéristiques socioéconomiques et démographiques des populations (Arouna et Diagne, 2013). La différence entre le niveau moyen du revenu des bénéficiaires et des non-bénéficiaires obtenue est donc l'effet moyen du traitement (ATE[1]) traduit par :

$$ATE = E(\alpha_i) = E(Y_{1i} - Y_{i0}) \qquad (2)$$

L'impact évalué est sans biais si et seulement si la sous population des non bénéficiaires est bien définie. De ce fait, la sous population des non bénéficiaires doit être semblable à celle des bénéficiaires et que la seule différence entre ces deux sous populations soit l'amélioration des revenus. Cet indicateur mesure l'impact de la contractualisation du crédit dans la transformation agroalimentaire sur un transformateur tiré au hasard dans la population (Arouna et al., 2015). L'effet moyen du traitement dans la population des transformateurs traités (ATT[2]) est :

$$ATT = (Y_{1i} - Y_{i0}|a_i = 1) \qquad (3)$$

L'effet moyen de traitement dans la population des transformateurs des non-bénéficiaires (ATU) est selon (Arouna et al., 2015 ; Imbens & Wooldridge, 2009) :

$$ATU = (Y_{1i} - Y_{i0}|a_i = 0) \qquad (4)$$

ATE est l'effet moyen de traitement de toute la population des transformateurs ($(E(\alpha_i))$, ATT est l'effet moyen de traitement sur la population des bénéficiaires et l'ATU est l'effet moyen de traitement sur la population des non-bénéficiaires. Ils sont tous des effets dont le biais est dû à la différence entre les caractéristiques non observables d'une part, et, à la différence entre les

---

[1] On utilise le sigle anglais de l'effet moyen du traitement, " Average Treatment Effect".

[2] : Average Treatment Effect on Treated

caractéristiques observables d'autre part, qui affectent l'accès des producteurs à l'information et leur décision d'adopter ou non les innovations (Arouna et al., 2015).

Pour réduire ou éliminer ces biais, la méthode du Local Average Treatment Effect (LATE) ou l'effet local moyen du traitement de Imbens et Angrist (1994) axée sur la variable instrumentale est utilisée. Cette méthode est la moyenne de l'effet causal individuel pris sur la sous-population d'unités dont le statut par rapport au traitement change lorsque Zi est manipulé de w à z : L'effet de traitement (revenu, productivité, etc. que pourrait entraîner l'effet de la contractualisation du crédit dans la transformation agroalimentaire) reconnaît la dépendance entre le traitement et l'instrument en utilisant des indicateurs potentiels de traitement et l'estimation se fait avec des modèles de régression. Le principe est traduit par l'équation suivante (Chabe-Ferret, 2008).

$$\Delta^{LATE} Y\ (z,w)\ =\ E\ [Y_i^1 - Y_i^0 / D_i(z) \neq D_i\ (w)]$$
(4)

En effet, l'instrument z doit être indépendant de Y_{1i} et Y_{0i} conditionnellement à w car le caractère aléatoire de l'instrument n'est pas exigé mais il exige donc d'utiliser au moins un instrument z qui affecte directement le statut d'adoption des contrats agricoles et indirectement le revenu une fois les variables indépendantes x sont contrôlées (Arouna et al., 2015). La connaissance des IMF (z) est la variable instrumentale utilisée dans cette étude, l'instrument utilisé est la connaissance de l'existence des contrats agricoles avec $z = 1$ pour les transformateurs ayant connaissance de l'existence des IMF et $z = 0$ pour les non-connaissants de l'existence des IMFs. En effet, le choix de cette variable comme instrument est que la perception des effets du crédit d'exploitation peut influencer les activités des transformateurs dans un contexte d'éradication de la pauvreté.

L'estimation du LATE se fait à travers des modèles de régression paramétriques et non paramétriques, estimé à partir de la fonction de « Local Average Response Function (LARF) » et est donnée par les équations suivantes (Issifou et al., 2017 ; Aoruna et al., 2015 ; Arouna et Diagne, 2013, Abadie, 2003) :

$$E\ (y|x, R_1 = 1) = \alpha_0 + \alpha_1 A + \beta X + \gamma AX$$
(5)

Où α , β et γ sont les vecteurs des paramètres à estimer.

$$\widehat{LATE_{tarf}} = \frac{1}{P\,(\alpha_1 = 1)} \sum_{l=1}^{n1} \widehat{K_l} \,.\, h\ (Y_l, X_i, \hat{\theta})$$
(6)

avec $\boldsymbol{K_i} = 1 - \frac{Z_i}{P\,(\alpha = 1)}$ et $h(Y_i, x_i, \hat{\theta}) = f(x, 1, \hat{\theta}) - f(x, 0, \hat{\theta})$

où x : variable indépendante, P : probabilité, K_i : poids des transformateurs qui change leur décision de contracter de crédit auprès des IMF ; $\hat{\theta} = (\alpha, \beta, \gamma)$, un vecteur des paramètres à estimer.

Dans le cadre de cette étude, la variable dépendante qu'on utilisera est le revenu net issu des activités de la transformation. Ce choix se justifie par le fait qu'au Bénin, le fonctionnement parfait du marché des produits agricoles n'est pas effectif dans la plupart des régions du Bénin. Ce revenu net est obtenu par :

$$R_{NET} = PB - CT$$
(7)

Avec $CT = CV + CF + MO$

Pour tester l'hypothèse 4 relative à l'objectif 4, le crédit agricole améliore la productivité des activités agricole des bénéficiaires. En s'inspirant la fonction de production de type Cobb-Douglas, nous spécifions une fonction du cycle d'exploitation du crédit agricole comme suit :

$$Y_{it} = A_t (K_{it})^{\alpha} (H_{it})^{\delta} (X_{it})^{1-\alpha-\delta} e^{(u_{it})} \quad \text{avec} \quad 0 < \alpha < 1 \quad \text{et} \quad 0 < \delta < 1$$

Y, le revenu de transformation agroalimentaire. K it , indique la variable de l'inclusion financière. H it, représente le niveau du capital humain dans l'économie (que l'on peut exprimer comme le facteur travail par tête et de la population active dans le secteur agroalimentaire : la main d'œuvre), e (le nombre de Neper) est la base du logarithme népérien. Xit , est le vecteur des autres variables de contrôle et u représente tous les autres déterminants non mesurables des exportations agricoles. , α et δ sont les paramètres à déterminer. L'application du logarithme permet donc de réécrire l'équation précédente comme suit :

$$\ln(Y_{it}) = \ln(A_t) + \alpha \ln(K_{it}) + \delta \ln(H_{it}) + (1 - \alpha - \delta) \ln(X_{it}) + u_{it}$$

5. Matériels et méthodes

5.1. Matériels

> ## Zone d'étude

L'étude sera conduite au nord du Bénin précisément dans les 2 Pôles de Développement Agricoles (PDA 2 et 4). Le choix de ces pôles part du faite qu'ils font partie des grandes zones de production agricoles inscrites dans le PSDSA (2017 – 2021). Les producteurs de ces pôles sont ceux auprès de qui les innovations en matière de financement agricole sont expérimentées avec les IMF. Les communes et les villages retenus dans ces pôles sont ceux où les IMF en particulier la FECECAM octroie de crédit aux producteurs et aux femmes ménagères pour la transformation agroalimentaire. Ainsi trois (03) communes représentatives seront retenues dans le cadre de cette recherche. Il s'agira des communes de de Banikoara, de Kalalé et de Bembèrèkè. Ces communes seront confirmées ou remplacées après la phase exploratoire qui sera menée en début de l'étude. Dans chaque commune, quatre (04) villages seront sélectionnés sur la base de leur représentativité, des réalités de la commune, de leur expérience dans le prêt pour la production, de leur importance en matière de production agricole, de transformation des produits agricoles et de la présence de FECECAM pour l'épargne ou le crédit agricole (CAEP).

Justification du choix de la structure (IMF)

L'évolution du secteur financier ces dernières années s'est caractérisée par une croissance très forte des crédits octroyés et une augmentation significative de la clientèle même si la progression des dépôts a été moins remarquable. En matière de mobilisation d'épargne et de conquête de marché la FECECAM reste le leader. En effet, ce réseau concentre 95% de l'encours d'épargne avec plus de 60% de la part du marché du secteur (PNUD, 2006). Le réseau FECECAM domine largement les marchés financiers ruraux au Bénin. En effet, avec un effectif de 321 257 sociétaires en 2001 (contre 20822 en 1989, année de démarrage des programmes de restructuration), la FECECAM apparaît comme un géant de la micro finance au Bénin. Ses membres forment approximativement 10% de la population active agricole du pays. Ce taux élevé de pénétration justifie l'effectif de son personnel (525 au total) et les appuis financiers dont elle bénéficie (près d'un milliard de francs CFA en 1999). Concernant la répartition des sociétaires selon le genre, les enquêtes donnent un pourcentage de 60% pour les hommes contre 40% pour les femmes. On compte 93% d'individuels (Kodjo et al., 2003).

> ## Échantillonnage

L'échantillonnage des unités d'observation sera réalisé au cours de la phase exploratoire de l'étude. Il sera tout d'abord réalisé un recensement sommaire des producteurs et des transformatrices bénéficiaires des crédits auprès de la FECECAM dans chacune des communes choisies. Les unités d'observation seront donc les bénéficiaires du crédit et les non bénéficiaires intervenant dans la transformation agroalimentaire et les producteurs agricoles. Par village sélectionné, un échantillon de 30 enquêtés soit 15 bénéficiaires et 15 non bénéficiaires à partir des résultats du recensement. Le nombre des transformateurs et producteurs bénéficiaires dans chaque village/commune sera fonction de la représentativité en termes de la contractualisation du crédit pour leurs diverses activités dans la zone d'étude.

Les bénéficiaires seront choisis donc par la méthode d'échantillonnage aléatoire simple sur la base de la liste des bénéficiaires obtenue auprès du FECECAM. Il s'agira de ceux ayant bénéficié d'au moins un crédit agricole au cours de la dernière campagne agricole. La formule suivante de Fisher permettra de déterminer la taille de l'échantillon.

$$nf = n/(1 + (n/N))$$

Avec nf la taille de l'échantillon
N la taille de la population, n le degré de représentativité de l'échantillon donné par la formule suivante :

$$n = 1/d^2$$

Avec d le degré de précision voulue.

5.2.Méthodes

> ### Phase exploratoire

Au cours de la dite phase, nous prendrons contact avec les personnes ressources de chaque commune, les agents de terrains de la FECECAM et les responsables des éventuelles organisations des producteurs et des transformateurs pour une rencontre dont le but serait de les informer des objectifs de la recherche et ses différentes étapes. Comme annoncé plus haut, elle sera la première phase opérationnelle de l'étude. Il s'agira d'une phase déterminante. En effet, au cours de l'exploration du terrain, des focus groups seront également constitués afin d'obtenir une typologie endogène des différents services de la FECECAM (crédits et épargne) offert à ses clients de son portefeuille et les stratégies de suivis des clients dans la réalisation de leur activité ou plan d'affaire. Un accent très particulier sera mis sur les formes d'octroi et de remboursement du crédit ainsi que le délai imparti, les revenus obtenus des activités financées, etc. En d'autres termes les discussions dynamiques et participatives de groupe devraient permettre d'aboutir sans ambiguïté à l'action durable pour l'adaptation du crédit aux conditions socioéconomiques des populations rurales dans un contexte de maximiser le profit et d'éradication de la pauvreté. Par ailleurs, un pré-test sera réalisé à partir du questionnaire et des guides élaborés suivant les objectifs consignés dans la proposition de recherche. Ce pré-test nous permettra de relever les insuffisances du questionnaire et de les corriger avant la phase de collecte de données proprement dite.

> ### Phase de collecte de données

Elle consistera à la collecte des données à l'aide du questionnaire et des guides corrigés lors de la phase exploratoire. La collecte des données se fera donc par des enquêtes et des focus groups sous forme d'entretiens structurés, semi structurés et non structurés. De façon générale, les données principales relatives aux fonctionnements de la FECECAM; les critères d'obtention du crédit ; les perceptions des producteurs des stratégies de suivi et d'accompagnement de la FECECAM; les effets du crédit sur les activités, les caractéristiques sociodémographiques et économiques (sexe, âge, niveau d'instruction, accès au crédit, etc.) seront collectées dans la zone d'étude.

> **Phase d'analyse des données**

C'est la dernière phase de l'étude. Elle consistera à traiter les données recueillies des différentes enquêtes, observations et interviews menés pendant la phase de collecte de données. Enfin, les différents résultats obtenus seront analysés. La phase d'analyse des résultats s'achèvera par la rédaction complète de la thèse.

5.3.Opérationnalisation des Hypothèses

Objectifs	Hypothèses à tester	Données à collecter	Méthodes d'analyse
Os1 : Caractériser le cadre politico-juridique et économique des IMF au Bénin,	H1 : le cadre politico-juridique et économique des IMF au Bénin est caractérisé par les textes, les lois les statuts et règlements appliqués selon la loi OHADA dans l'espace UEMOA	Les caractéristiques socio-économiques et le profil des personnels de la FECECAM Les textes appliqués selon la loi OHADA, les approches utilisées dans le financement des activités rurales/agricoles, les règles et institutions budgétaire, la gestion des dettes, l'évolution des statuts et règlements, etc. Les différentes outils et stratégies de gouvernance; de contrôle, les intérêts appliqués, la préparation et l'exécution du budget, les limites, difficultés et facteurs de risques, etc.	- Statistiques descriptives - Analyse de la gouvernance -Analyse de discours
Os2 : Analyser le fonctionnement de FECECAM Microfinance au Bénin,	OS2-H2 : Le fonctionnement de FECECAM Microfinance repose sur les activités de crédit et d'épargne.	Les objectifs et mission, les différentes relations de proximités entre l'IMF et les bénéficiaires, les modes de remboursement, les services offerts par la FECECAM, les caractéristiques socioéconomiques des bénéficiaires (âge, sexe, niveau d'éducation, etc.), le processus de formation de la demande, les stratégies de récupération, les comportements des bénéficiaires face aux impayés, etc. Les solutions d'épargne, les principales garantie d'octroi de crédit, les critères ou conditions d'accès au crédit, les divers produits qu'offrent IMF (crédit de consommation, crédit de fonctionnement et crédit d'investissement ou crédit aux équipements, etc.)	Statistiques descriptives Analyse de la gouvernance -SWOT
OS3: Analyser l'impact du crédit d'exploitation de la FECECAM Microfinance sur les bénéficiaires intervenant dans la chaine de	OS3-H3 : Le crédit d'exploitation de FECECAM Microfinance améliore la rentabilité des activités de transformation des bénéficiaires.	Les quantités et les prix unitaires des facteurs de production utilisée et de la production obtenue, les prix de commercialisation des produits, le montant contracté, le délai d'octroi et du paiement du crédit, les facteurs d'application du taux d'intérêt, les revenus obtenu, le système de suivi, etc.	- Modèles LATE - Modèle ESR - Indice d'efficacité économique

21

		Les coûts de transaction, les quantités et les prix des inputs et outputs.	- Indice de rentabilité économique et financière
transformation agroalimentaire,		Les caractéristiques socio-économiques des producteurs (âge, sexe, éducation, appartenance à une organisation, accès au crédit, expérience, etc.).	
OS4 : Analyser l'impact du crédit CAEP de la FECECAM sur les bénéficiaires intervenant dans la chaine de production agricole.	OS4-H4 : Le crédit agricole accordé (CAEP) de la FECECAM Microfinance améliore la productivité des activités agricole des bénéficiaires.	Les caractéristiques socio-économiques des producteurs (âge, sexe, éducation, appartenance à une organisation, accès au crédit, expérience, etc.).	- Fonction de Cobb douglas
		Les coûts de transaction, les quantités et les prix des inputs et outputs, les quantités et les prix unitaires des facteurs de production utilisée et de la production obtenue, les prix de commercialisation des produits, le montant contracté, le délai d'octroi et du paiement du crédit, les facteurs d'application du taux d'intérêt, les revenus obtenu, le système de suivi, etc.	- Fonction stochastique du coût
			- Indice de rentabilité économique et financière
		Les différentes perceptions des producteurs	

6. Planning des activités

ANNEE / Mois Activités	2020 TRIM 1	TRI M 2	TRI M 3	TRIM 4	2021 TRI M 5	TRI M 6	TRIM 7	TRI M 8	2022 TRIM 9	TRIM 10	TRIM 11	TRIM 12
Recherche documentaire		X	X	X	X	X	X	X				
Elaboration, présentation du protocole et finalisation					X	X						
1er point de thèse						X						
Phase exploratoire						X						
Elaboration et pré-tests du questionnaire							X					
Collecte des données sur le terrain							X					
Dépouillement et analyse des données								X	X	X		
Rédaction et soumission des articles dans des journaux scientifiques								X	X	X	X	
2ème point de Thèse								X				
Participation aux colloques et ateliers scientifiques					X	X	X	X	X	X	X	
Soutenance de thèse												X

7. Références bibliographiques

Abadie, A. & Imbens, G. 2006. Large Sample Properties of Matching Estimators for Average Treatment Effects. Econometrica, vol.74, 235-67.;

Abadie, A., 2003. Semi-parametric instrumental variable estimation of treatment response Models. *Journal of Econometrics* 113: 231-263.

Adair, P. (2014, Octobre). Théorie du compromis versus Théorie du financement archique: une analyse sur un panel de PME non cotées. In 12ème Congrès International Francophone en Entrepreneuriat et PME.

Adamou, A., 1991, "Impact du marché monétaire de l'UMOA sur le financement de l'économie béninoise", mémoire de fin de 1er cycle à l'Institut National l'Économie, INE, Université Nationale du Bénin, Cotonou, Bénin.

Adegbola, P. Y. et Singbo, A. G. Etude sur le financement de la commercialisation des produits agricoles au Bénin. Groupe de Commercialisation des produits agricoles, AGSF de l'organisation des Nations Unies pour l'Alimentation et l'Agriculture (FAO), 26p.

Armendariz B. & Morduch J. (2005). The Economics of Microfinance, mit Press, cambridge.

Arouna A., Akpa A. K. A., Adégbola P. Y., 2017. Impact de la technologie smart-valley pour l'aménagement des basfonds sur le revenu et le rendement des petits producteurs de riz au Bénin. *Cahiers du Centre Béninois de la Recherche Scientifique et Technique, N° 12.*

Arouna A., Olounlade A. O., Diagne A. & Biaou G., 2015. Évaluation de l'impact des contrats agricoles sur le revenu des producteurs du riz : cas du Bénin. *Annales des sciences agronomiques*, 19(2): 617-629.

Arouna, A. et Diagne, A. 2013. Impact de la production de semence riz sur le rendement et le revenu des ménages agricoles : une étude de cas du Bénin. *4 th International Conference of the African Association of Agricultural Economists. Hammamet, Tunisia.*

BAD (2016), "Revue sur l'efficacité du développement." Édition 2016 – Agriculture

Banque Mondiale (2000). L'Afrique Peut-Elle Revendiquer Sa Place Dans Le Vingt Et Unième Siècle, Banque Mondiale Washington D.C.

Barlet K. (2000). Microfinance et commercialisation : de quoi parle-t-on ?, BIM n° 74 - 13 juin 2000.

Bédécarrats, F., Sangare, A., & Bénard, M. A. (2013). L'évaluation des performances sociales des institutions de microfinance: la démarche innovante de la Confédération des institutions financières/Afrique de l'Ouest. *Techniques Financieres et Developpement*, (4), 41-54.

Bédécarrats, F., Sangare, A., & Bénard, M. A. (2013). L'évaluation des performances sociales des institutions de microfinance: la démarche innovante de la Confédération des institutions financières/Afrique de l'Ouest. *Techniques Financieres et Developpement*, (4), 41-54.

Bouyakoub.F (2000). « L'entreprise et le financement bancaire », édition Casbah, Alger.

CGAP (1997). Les taux d'intérêts applicables aux microcrédits, Etude Spécial N°1, janvier (www.lamicrofinance.org)

Chabe-Ferret S., 2008. L'évaluation de l'impact des politiques publiques : caractérisation des enjeux et exemples de politiques agricoles et forestières. Sciences de l'Homme et Société. Université d'Auvergne

Dehedjia, R. H. & Wahba S. 1999. Causal Effects in Nonexperimental Studies: Re Evaluating the Evaluation of Training Programs. Journal of the American Statistical Association 94 (448, December):1053-62.

Delalande L. et Paquette C. (2007). Microfinance et réduction de la vulnérabilité : le cas d'un Microbanco rural au Mexique, 4, 44, 27-45.

Diagne, A. et Demont, M., 2007. Taking a new looks at empirical models of adoption: average treatment effect estimation of adoption rates and their determinants. *Agricultural Economics* 37, 201–210.

Dinar A., Mendelsohn R., Evenson R., Parikh J., Sanghi A., Kumar K., Mckinsey J., Lonergan S. 1998. Measuring the Impact of Climate Change on Indian Agriculture, World Bank Technical Paper No. 402, Washington, D.C.

Dossou M. et Ahyi, (2005), «Efficacité économique de la loi sur les systèmes de financement décentralisé au bénin», mémoire de maîtrise en science économique, Faculté des Science Economique et de Gestion de l'UNIVERSITE D'ABOMEY CALAVI.

Doumbia Sékou et Depieu Méougbé Ernest : Perception paysanne du changement climatique et stratégies d'adaptation en riziculture pluviale dans le Centre Ouest de la Côte d'Ivoire, 2013, Journal of Applied Biosciences 64: 4822 – 4831, ISSN 1997–5902

Fall, A.A., 2006. *Impact du crédit sur le revenu des transformateurs de la vallée du fleuve Sénégal* (Doctoral dissertation, Thèse de doctorat. Présentée à l'Ecole Nationale Supérieure Agronomique de Montpellier).

FAO (2015), "le rapport sur la situation des marchés des produits agricoles 2015-2016." Commerce et sécurité alimentaire: trouver un meilleur équilibre entre les priorités nationales et le bien commun

Fofana, V. (2017). Microfinance et mobilisation de l'épargne dans le secteur informel. Le cas des commercantes de vivriers de Bouake. *European Scientific Journal*, 13 (25), 1857 – 788. doi: 10.19044/esj.2017.v13n25p50 URL:http://dx.doi.org/10.19044/esj.2017.v13n25p50

Gbetibouo G.A., Hassan R.M., 2005. Measuring the economic impact of climate change on major South African field crops: a Ricardian approach" *Global and Planetary Change* 47 143–152.

Gertler, P. J. ; Martinez, S. ; Premand, P. ; Rawlings, L. B. ; Vermeersch, C. M., 2016. Impact evaluation in practice, Second Edition (Washington DC, Inter-American Development Bank and World Bank).

Gertler, P.J., Martinez S., Premand P., Rawlings L.B. & Vermeerch C.M.J. 2011. L'évaluation d'impact en pratique. Document technique de travail. Banque Mondiale. DOI : 10.1596/978-0-8213-8752-8

GIEC, 2014. Climate Change 2014: Synthesis Report. Contribution of Working Groups I, II and III to the Fifth Assessment Report of the Intergovernmental Panel on Climate Change [Équipe de rédaction principale, R.K. Pachauri et L.A. Meyer (sous la direction de)]. GIEC, Genève (Suisse), 151 pages. Disponible sur le site web du cinquième Rapport d'évaluation du GIEC.

Girabi, F., Mwakaje, A.E.L.G., (2013). Impact of microfinance on smallholder farm productivity in Tanzania: the case of Iramba district. Asian Econ. Fin. Rev. 3(2):227-242

Givord P., 2014. Méthodes économétriques pour l'évaluation de politiques publiques. *In: Économie & prévision, n°204-205. Méthodes d'évaluation des politiques publiques.* pp. 1-28;

Heckman J. 2010. Building Bridges between Structural and Program Evaluation Approaches to Evaluating Policy. *Journal of Economic Literature* 48(2) : 356–398.

Heckman, J. (1997). Instrumental variables: a study of the implicit assumptions underlying one

Heckman, J., 2010. "Building Bridges between Structural and Program Evaluation Approaches to Evaluating Policy." *Journal of Economic Literature* 48(2), 356–398.

Hoton, L. et Soule A., 2002. Etude documentaire sur l'impact de la libéralisation et de la réforme du secteur financier sur les pauvres et les petits opérateurs économiques au Bénin, 46p.

Houndékon, V. A., 1996 : *Analyse économique des systèmes de production du riz dans le Nord Bénin*. Thèse de Doctorat troisième cycle en Sciences économiques. FASEG/ Côte d'Ivoire.

Imbens G. W. & Angrist J. D., 1994. Identification and estimation of local average treatment effects. *Econometrica*, 62: 467 - 476.

Imbens G. W. & Wooldridge J. M., 2009. Recent Developments in the Econometrics of Program Evaluation. *Journal of Economic Literature*, 47(1): 5-86.

Imbens, G. et Angrist, J., 1994. Identifacation and estimation of Local Average. *Econometrica* 62(2), 467-475.

Issoufou O.H., Boubacar S., Adam T. et Yamba B., 2017. Déterminants de l'adoption et impact des variétés améliorées sur la productivité du mil au Niger. *African Crop Science Journal*, Vol. 25, No. 2, pp. 207 – 220.

Jean-Baptiste, A. E. 2018 : Les mécanismes de financement du développement économique local : caractérisations et stratégies adaptées aux PMA. Gestion et management. Université Paris-Saclay. Français. ffNNT : 2018SACLV024ff. fftel-01865365f

Jebabli, I. 2010. Estimation par la méthode d'appariement de l'impact de l'utilisation des moyens de contraception sur la fécondité. Conférence: 27èmes Journées de Microéconomie Appliquée, At Angers, France

Labie M. (2014). La microfinance contemporaine. Défis et perspectives – note de lecture" in Mondes en Développement, 42, 165, 161-162.

Labie M. et al. (2007). Microfinance et micro-assurance santé : réflexions sur des articulations possibles à partir de quelques expériences au Bénin et au Burkina Faso, Mondes en développement, 3, 139, 57-71.

Lapenu C., (2002). La gouvernance en microfinance : grille d'analyse et perspectives de recherche. In: Tiers-Monde, tome 43, n°172, 2002. Microfinance : petites sommes, grands effets ? pp. 847-865; doi : https://doi.org/10.3406/tiers.2002.1655. https://www.persee.fr/doc/tiers_1293-8882_2002_num_43_172_1655

Lee, M. J., 2005. Micro-Econometrics for Policy, Program and Treatment Effects. Advanced Texts in Econometrics. Oxford University Press.

Leiderer, S. et Wolff, P. 2007 : Gestion des finances publiques : une contribution à la bonne gouvernance financière (26) n°2 p. 175-195.

Martinez O. (2007). Microfinance et territoires dans le Sud-est béninois : approche en termes de risque au travers d'une vision discriminante de l'espace, 4, 44, 77-90.

Mendelsohn R. and Dinar A. 1998. The Impact of Climate Change on agriculture and developing countries: case studies of Indian and Brazil, march 3, 1998.

Mendelsohn R., Dinar A., 2003. Climate, Water, and Agriculture. *Land Economics* 79(3):328-41.

Morduch, J., (2000). «The microfinance schism», World document, Elsevier ltd vol.28

Napo F. (2019). Financial inclusion and agricultural exports of UEMOA countries: the role of institutional quality. Université de Lomé, MPRA Paper No. 94203, posted 30 May 2019 13:20 UTC, Online at https://mpra.ub.uni-muenchen.de/94203/

Ndione M. (2019). Déterminants de la performance des institutions de micro-crédits : UEMOA et BRICS. Gestion et management. Université Bourgogne Franche-Comté, 2019. Français. NNT: 2019UBFCG001. tel-02484810v2

Niyongabo, E. (2008). Défis du financement agricole et rural, rôle pour la microfinance et implications pour les politiques publiques en Afrique subsaharienne. Pistes de recherche basées sur le cas du Burundi. *Pistes de recherche basées sur le cas du Burundi.*

Nsengiyumva, T., & Mayoukou, C. (2018, November). Déterminants du financement des microentreprises agricoles par les institutions de microfinance: cas du Burundi.

Ololade, R.A., Olagunju, F.I., (2013). Determinants of access to credit among rural farmers in Oyo State, Nigeria. Global J. Sci. Front. Res. Agric. Vet. Sci. 13(2):17-22

Ouedraogo B. (2008). Les déterminants de l'intensification du volume de l'épargne dans le système financier décentralisé au Burkina-Faso : cas des caisses populaires de Ouagadougou, *Revue Tiers Monde,* 4, 196, 901-926.

Ouédraogo M. & Dakouo D., 2017. Évaluation de l'adoption des variétés de riz NERICA dans l'Ouest du Burkina Faso. *African Journal of Agricultural and Resource Economics* 12 (1): 1-16.

Pairault T. (2007). Le bonheur est-il dans le prêt ? Non, semble-t-on répondre de Chine, 4, 44, 63-76.

PNUD, MECGCCPRNF, 2014 : *Programme d'Action National d'Adaptation aux Changements Climatiques du Benin (PANA-BENIN)*

Prescott E. S. (1997). Group Lending and Financial Intermediation: An example, Federal Reserve Bank of Richmond, Economic Quarterly, 83.

Rosenbaum, P. & Rubin D. 1983. The Central Role of the Propensity Score in Observational Studies of Causal Effects. Biometrika 70 (1): 41–55.

Sogodogo D., Dembele O., Konate S. Et Koumare S. (2014). Contribution du warrantage à l'accès des petits producteurs au marché des intrants et des produits agricoles dans les communes rurales de Klela, Fama et Zebala dans la région de Sikasso au Mali. *Agronomie Africaine* 26 (2) : 167 – 179.

Sossa T (2011). Microfinance et inclusion financiere au Benin, in La Microfinance au Benin, The Graduate Institute Publications, Geneva, Switzerland.

Sossa, T. (2011). 2. Microfinance et inclusion financière au Bénin. *Collections électroniques de l'Institut de hautes études internationales et du développement. Publications en ligne des Graduate Institute* , (10).

Sossa, T. 2011 : La microfinance au Bénin_Ebook, Graduate Institute Publications Science sociale / Pays en développement : ISSBN : 9782940415861

Sossou, C. H. 2015. Le financement de l'agriculture au bénin : stratégies de gestion et d'adaptation des exploitations agricoles. Dissertation originale présentée en vue de l'obtention du grade de docteur en sciences agronomiques et ingénierie biologique 199p.

Sossou, C.M., Noma, F., Yabi, J.A., (2014). Rural Credit and farm efficiency: Modelling farmers credit allocation decisions, evidences from Benin. Hindawi Publishing Corporation. Econ. Res. Int. Article ID 309352. 8 p.

Sylli, J. H. (2012). Le microcrédit dans le programme de lutte contre la pauvreté chez les femmes au Bénin: mythe ou réalité?.

Tiamiyou, M. M. A., 2005 : *Impacts de l'adoption des variétés de riz améliorées sur la production et le revenu rizicole des femmes au Centre du Bénin.* Thèse d'Ingénieur Agronome, Abomey-Calavi, FSA/UAC. 118 pages.

Tocqué F. (2014). Microcrédit personnel : quels impacts sur les ménages ?, Informations sociales, 2, 182, 120-129.

TRAZIE, T. Y. B. (2016). Institutions de microfinance et prêteurs informels de l'agriculture familiale en Côte d'ivoire: de la cohabitation à la fusion. *Annale des Sciences Economiques et de Gestion*, *15*(2).

widely used Estimator for Program Evaluations. *Journal of Human Resources*, N°32; pp 441-462.

Wooldridge, J., 2002. Econometric analysis of cross-section and panel data. The MIT press, Cambridge, Massachusetts, USA; 603-644.

Blin, T. (2005). Ressources, stratégies et régulation d'un espace d'action collective : le cas des « réfugiés » de saint-ambroise [1]. *L'Année sociologique*, vol. 55(1), 171-196. https://doi.org/10.3917/anso.051.017

BEI GRIN MACHT SICH IHR WISSEN BEZAHLT

- Wir veröffentlichen Ihre Hausarbeit,
  Bachelor- und Masterarbeit

- Ihr eigenes eBook und Buch -
  weltweit in allen wichtigen Shops

- Verdienen Sie an jedem Verkauf

Jetzt bei www.GRIN.com hochladen
und kostenlos publizieren

CPSIA information can be obtained
at www.ICGtesting.com
Printed in the USA
LVHW110556220621
690829LV00007B/608